Fakultätsvorträge
der Philologisch-Kulturwissenschaftlichen Fakultät
der Universität Wien

T0119053

Fakultätsvorträge

der Philologisch-
Kulturwissenschaftlichen Fakultät
der Universität Wien

15

herausgegeben

von der Dekanin der Philologisch-
Kulturwissenschaftlichen Fakultät

Peter Strohschneider

Arbeit am Status

Philologien im Spannungsfeld von Wissenschaft und Gesellschaft

Vienna University Press
V&R unipress

Informationen über die Philologisch-Kulturwissenschaftliche Fakultät:
http://phil-kult.univie.ac.at/

Kontaktadressen der Institute der Philologisch-Kulturwissenschaftlichen Fakultät:
http://phil-kult.univie.ac.at/ueber-uns/institute/

Anfragen und Kontakt:
dekanat-pkw@univie.ac.at

Redaktion:
Sarah Marquardt

Bibliografische Information der Deutschen Nationalbibliothek
Die Deutsche Nationalbibliothek verzeichnet diese Publikation in der
Deutschen Nationalbibliografie; detaillierte bibliografische Daten sind
im Internet über http://dnb.d-nb.de abrufbar.
ISBN 978-3-8471-0789-7

**Veröffentlichungen der Vienna University Press
erscheinen bei V&R unipress GmbH.**

© 2017, V&R unipress GmbH, Robert-Bosch-Breite 6, D-37079 Göttingen /
www.v-r.de

Printed in Germany.
Druck und Bindung: CPI buchbuecher.de GmbH, Zum Alten Berg 24,
D-96158 Birkach

Gedruckt auf alterungsbeständigem Papier

1. Einleitung

Beginnen wir zur Abwechslung einmal mit einem Klassikerzitat:

> »Und wer also nicht die Fähigkeit besitzt, sich einmal sozusagen Scheuklappen anzuziehen und sich hineinzusteigern in die Vorstellung, daß das Schicksal seiner Seele davon abhängt: ob er diese, gerade diese Konjektur an dieser Stelle der Handschrift richtig macht, der bleibe der Wissenschaft nur ja fern. Niemals wird er in sich das durchmachen, was man das ›Erlebnis‹ der Wissenschaft nennen kann. Ohne […] diese Leidenschaft […] hat einer den Beruf zur Wissenschaft nicht und tue etwas anderes.«[1]

Es ist dies ein *locus classicus* für Diskussionen über das Verhältnis von Wissenschaft und Gesellschaft. Er bestimmt beider Differenz als den Unterschied zwischen wissenschaftlicher Berufung (»Beruf«) und bürgerlicher Profession und er setzt dabei gewissermaßen ein heroisches Konzept von Forschung voraus.

Sie haben das Zitat gewiss erkannt. Es ist eine der Schlüsselstellen in Max Webers berühmter Rede über »Wissenschaft als Beruf«. Und ich rücke sie hier an den Beginn, weil der Redner *nicht* tut, was uns das Nächstliegende scheinen will. Von Galileos angeblichem *Eppur si muove* bis zu Robert Kochs riskanten Selbstversuchen gibt es einen eindrucksvollen Kanon von historischen

---

[1] Max Weber, Wissenschaft als Beruf. Nachwort von Friedrich Tenbruck. Stuttgart 1995, S. 12. – Auch in diesem Vortrag verwende ich erneut Argumente und Textbausteine, die wiederholt an anderer Stelle gebraucht und teilweise (bis in den Wortlaut hinein so) auch publiziert wurden.

Beispielen für den Heroismus von Forschung. Weber übergeht diesen Kanon und exemplifiziert Erkenntnisleidenschaft stattdessen – ausgerechnet – an der Philologie. Das ist noch kaum einhundert Jahre her[2], und uns doch längst sehr fremd geworden – *obwohl* die Wissenschaften bis heute vielfältig von Forschungsheroismus geprägt sind. Weber hingegen kann ganz selbstverständlich zweierlei unterstellen: Einerseits ist auch Philologie ein Paradigma, an dem sich eine allgemeine Aussage über Wissenschaft und Forschung verdeutlichen lässt. Und andererseits versteht sich Philologie ganz unzweideutig als der Methodenzusammenhang historischer Textpflege: Die Stichworte ›Konjektur‹ und ›Handschrift‹ genügen, um das gesamte Verfahrensensemble von der Kodikologie über die Paläographie bis zur Stemmatologie, von der Konjekturalkritik bis zur Editorik zu vergegenwärtigen.

Die wissenschaftskulturellen Selbstverständlichkeiten, welche Max Webers Rede an der zitierten Stelle voraussetzt, sind nicht mehr die unsrigen. Der Status der Philologie im Verhältnis zu anderen Wissenschaften hat sich durchgreifend geändert. Und auch der von Weber vorausgesetzte Begriff der Philologie als Ensemble disziplinen-übergreifender Fertigkeiten ist alles andere als selbstverständlich. Ganz abgesehen davon, dass der *terminus technicus* ›Konjektur‹ selbst in einer neugermanistischen Vorlesung vermutlich kaum ohne weiteres noch verstanden wird.

---

[2] Die Rede wurde am 7. November 1917 gehalten und 1919 erstmals gedruckt.

2. Philologien im Singular und Plural

Doch bleiben wir zunächst beim Eindeutigkeitsverlust von ›Philologie‹: Was beim Gebrauch dieses Ausdrucks eigentlich jeweils gemeint sei, ist heutzutage durchaus nicht ohne weiteres klar. Dabei mag es für unsere Zwecke genügen, zwei hauptsächliche Verwendungsweisen zu unterscheiden, und zwar sozusagen ›Philologien‹ im Plural und ›Philologie‹ im Singular.

2.1. Letzteres ist jenes Konzept, das Max Weber offenkundig im Sinn hatte. Es umfasst die »philologischen Grundtätigkeiten«[3] des Sammelns und Identifizierens von Texten, ihrer Dokumentierung und (textkritischen) Edition sowie ihrer Erschließung durch sprachliche und sachliche Kommentierung. Philologie (im Singular) bezeichnet eine »Konfiguration wissenschaftlicher Fertigkeiten, die der historischen Textpflege dienlich sein sollen«.[4] Und damit verbinden sich spezifische epistemologische Voraussetzungen wie etwa das Autor-Werk-Dispositiv, die Hierarchisierbarkeit historischer Textzeugen und die Unterscheidbarkeit dieser Text*zeugen* von jenen Texten, die sie *bezeugen*. Eine epistemologische Voraussetzung von ›Philologie‹ in diesem Sinne liegt also auch in einer Dimension des konkret Handwerklichen, die sich in nicht- (oder vor-) hermeneutischen Annahmen wie derjenigen niederschlägt, Textbedeutung sei in

---

[3] Hans Ulrich Gumbrecht, Die Macht der Philologie. Über einen verborgenen Impuls im wissenschaftlichen Umgang mit Texten. Aus dem Amerikanischen von Joachim Schulte. Frankfurt a.M. 2003, S. 12.

[4] Gumbrecht, Die Macht der Philologie, S. 11.

individuellen Autorintentionen bzw. in objektiven Text-
daten zu fundieren und insofern sei der Streit der Inter-
pretationen außer-hermeneutisch entscheidbar.

Philologie als Ensemble von Fertigkeiten der historischen Textpflege ist für ein heterogenes Feld verschie-
dener wissenschaftlicher Disziplinen von Bedeutung.
Dazu gehören selbstverständlich die modernen Sprach-
und Literaturwissenschaften, aber ebenso die Klassische
Philologie im Verbund der gesamten Altertumswissen-
schaften sowie die historisch-hermeneutischen sogenannten Kleinen Fächer (von der Keltologie bis zur Ti-
betanistik), die durchweg philologische Arbeitsweisen
mit geschichtswissenschaftlichen, kultur- und religions-
historischen usw. Problemstellungen verbinden. Insofern
sie mit Überlieferung von Schriftquellen, mit deren Kritik, Edition und Kommentierung befasst ist, gehört freilich auch die Geschichtswissenschaft in dieses Feld.
Ebenso die beiden Professionsfakultäten Theologie und
Rechtswissenschaft mit ihren eigenen staatlichen oder
staatsvertraglichen Regularien (die sie z.B. vom Bachelor-
Master-Studiensystem ausnehmen) und ihrer besonderen
Bindung an das Religions- sowie das Rechtssystem der
Gesellschaft.

2.2. *Die* ›Philologie‹ im Singular bezeichnet ein Metho-
den-Inventar quer zur Ordnung jener Disziplinen, die
sich seiner bedienen. Sie ist nicht disziplinär. Anders *die*
Philolog*ien* im Plural; das ist die zweite dominante Ver-
wendungsweise des Ausdrucks. Hier dient ›Philologien‹
als Sammelname für eine Gruppe sprach- und literatur-
wissenschaftlicher *Disziplinen*.

Die Philologie ist ein Ensemble nicht-disziplinärer
Verfahren. Die Philologien (aber wem sage ich das?)

bilden eine Gruppe wissenschaftlicher Disziplinen, nämlich – neben Gräzistik und Latinistik – insbesondere die
Neuphilologien Anglistik, Germanistik, Romanistik, Sla-
wistik. Diese Disziplinengruppe bestimmen wir im Wesentlichen zunächst darüber, dass ihr Formalobjekt be-
stimmte natürliche Sprachen sowie die darin überliefer-
ten (insbesondere ›literarischen‹) Texte sind, und dass es
sich im Kern um historisch-hermeneutische Wissenschaften handelt; nicht-hermeneutische Denominationen
(etwa in der Linguistik oder neuerdings den *Digital Humanities*) bleiben, und sei es auch lediglich aus Gründen
der Studienorganisation, doch mit den historisch-herme-
neutisch arbeitenden Disziplinbereichen institutionell
verbunden.

3. Gesellschaftliche und wissenschaftliche
Bezugsordnungen der Philologien

Im Folgenden wollen wir uns nun konzentrieren auf die
Philologien als wissenschaftliche Disziplinen im letztge-
nannten Sinne, und zwar insbesondere auf ihren Status
in Wissenschaftssystem und Universität. Es wird nicht
die Epistemologie oder Wissenschaftstheorie der Philologien im Vordergrund stehen, sondern deren institutionelle Seite.

3.1. Es geht also auch um die Institutionenpolitik der
Philologien. Und man könnte das Thema sogleich frontal
angehen: Philologien und Gesellschaft; wobei wir in dem
Ausdruck ›Gesellschaft‹ hier wie im Folgenden die au-
ßerwissenschaftlichen Umwelten von Philologien zusam-
menfassen wollen. In einem solchen direkten Zugriff

wäre gewiss von der gesellschaftlichen Position und Funktion unserer Disziplinen zu sprechen. Es wäre etwa die gesellschaftliche, kulturelle, ökonomische Relevanz der Fertigkeiten und des Wissens der Philologien (nicht zum ersten Male) zu begründen. Man würde von der Einübung in sprachliche Komplexität sprechen. Man hätte die Bedeutung von Fremdsprachenkenntnissen, von (wie man heute sagt) ›kultureller Bildung‹, der Fähigkeit zum humanen Umgang mit Fremdem und Fremden zu betonen.

Ferner wäre zu beschreiben, welche besondere Rolle den Philologien zukommt bei der Pflege gesellschaftlichen Alternativenreichtums und dessen, was ich mit Robert Musil »Möglichkeitssinn« nenne[5]; welche Deutungsmacht sie im Rahmen gesellschaftlicher Selbstbeobachtung (in Kunst und Kultur, im Feuilleton) oder innerhalb der Medien-, Kunst- und Kulturökonomie entfalten. Und freilich würde ein solcher frontaler Angang andererseits auch davon handeln müssen, dass die bildungsbürgerlichen Trägermilieus der Philologien und ihre soziomoralischen Selbstverständlichkeiten im Schwinden begriffen sind oder dass Mathematisierung und Digitalisierung auch der kulturellen Welt deren Historizität und damit hermeneutische Reflexion eher deprivilegiert. Außerdem müsste kommentiert werden, dass, wie in einer Kompensationsbewegung, die Philologien in den vergangenen Jahrzehnten zugleich weit über jene Schwellenwerte hinaus expandierten, bis zu welchen die Lehrerbildung einen stabilen institutionellen Außenhalt gewährleistete.

---

[5] Vgl. Peter Strohschneider, Möglichkeitssinn. Geisteswissenschaften im Wissenschaftssystem, in: Peter Strohschneider, Reden und Vorträge des Vorsitzenden des Wissenschaftsrates 2006–2010. Eine Auswahl. Köln 2010, S. 116–127.

Von alledem könnte hier gesprochen werden. Ich tue es nicht. Es würde nämlich in der einen oder anderen Weise doch den typisch geisteswissenschaftlichen Legitimationsdiskurs einfach fortsetzen. Es gibt Varianten jenes Diskurses: eine negative, die sich mit der Ritter-Schule verbindet und ihren witzigsten Vertreter in Odo Marquard fand: Geisteswissenschaften als Modernisierungsfolgenkompensationswissenschaften. In seinen positiven Versionen beschreibt dieser Diskurs die Geisteswissenschaften entweder als Mittel der axiologischen und normativen Orientierung in der Welt oder aber als Expertengemeinschaften für die Lösung konkreter gesellschaftlicher Probleme.

So oder so liegt das gleiche propositionale Schema zugrunde: Wir haben das Wissen bzw. die Kompetenz, die doch unzweideutig gesellschaftlich relevant sind! Warum merkt das niemand? Warum werden wir so missachtet?[6]

Dieser Diskurs der Selbstrechtfertigung (auch der Selbst-bespiegelung und Selbstbemitleidung) war in den zurückliegenden mindestens vier Jahrzehnten ubiquitär. Dass er den als geltungsschwach und daher schwierig wahrgenommenen Status der Geisteswissenschaften durchgreifend habe verbessern können, wird man nicht behaupten wollen.

Für diesen Misserfolg gibt es freilich Gründe. Und sie hängen nicht allein mit der Problematik der jeweils vorgetragenen Argumente zusammen[7], sondern auch mit der

---

[6] Vgl. Beispiele in Peter Strohschneider, Mediävistiken und Wissenschaftssystem. In: Farbe im Mittelalter. Materialität – Medialität – Semantik. Akten des 13. Symposiums des Mediävistenverbandes vom 1. bis 5. März 2009 in Bamberg. Hrsg. von Ingrid Bennewitz und Andrea Schindler. Berlin 2011, Bd. 1, S. 15–30.

[7] Zur Kritik vgl. Strohschneider, Geisteswissenschaften und Gesellschaft. Vortrag gehalten am 05.07.2013 in München in der Philosophisch-historischen Klasse der Bayerischen Akademie der Wissenschaften.

politischen Pragmatik des Vortrags selbst. Zu undeutlich bleibt, ob eigentlich die Umwelt der Geisteswissenschaften oder aber diese selbst der Adressat derartiger Rechtfertigungen sind; zuweilen entsteht der Eindruck, es handele sich vor allem um Selbstüberredung. Wo es aber tatsächlich darum gehen soll, andere zu überzeugen, da wird andererseits das Risiko unterschätzt, dass die nichtphilologischen Adressaten am Rechtfertigungsdiskurs der Philologien womöglich weniger deren Relevanz bemerken, als vielmehr die Penetranz des Diskurses selbst: also gerade die Geltungsschwäche der Philologien[8], welche nicht so reden, dass man auf gelassenes Selbstbewusstsein schließen würde. Dieserart wäre der Inhalt vom Vollzug der Rede dementiert. Und diese ignoriert im Übrigen auch, drittens, dass Gesellschaft in der Regel gar nicht *die* Philologien wahrnimmt. Gesellschaft sieht allenfalls ein ganz unstrukturiertes Feld: *die* Geisteswissenschaft (gar im Singular), wo nicht überhaupt lediglich *die* Wissenschaft also solche.

Dieses freilich, wie man wissen kann, ist ein Prinzip moderner, funktional differenzierter Gesellschaften. Die jeweiligen Binnendifferenzierungen ihrer Teilsysteme sind für andere Teilsysteme zunächst einmal unerheblich; und übrigens ist in unserem Fall diese Unerheblichkeit grundrechtlich abgestützt durch das Wissenschaftsfreiheitsprivileg des Staatsgrundgesetzes. Seit sich ein eigenes Funktionssystem der modernen Wissenschaft ausdifferenziert hat, wir kommen darauf sogleich zurück, greift Gesellschaft – von speziell gelagerten Ausnahmen wie etwa der Gentechnik oder tierexperimenteller Forschung abgese-

---

[8] Vgl. Gumbrecht, Die Macht der Philologie, S. 109 f., 131.

hen[9] – keineswegs direkt auf einzelne Untereinheiten des Wissenschaftssystems durch, auch nicht auf die Geisteswissenschaften.

Vielmehr statten Gesellschaft und Politik das Wissenschaftssystem institutionell und finanziell aus, wobei die Endlichkeit aller Ressourcen im Verhältnis auf die Unermesslichkeit von Bedürfnissen und Wünschen als Knappheit von Kapital zur Geltung gebracht wird.[10] Diese Knappheit erlaubt es, solche Finanzierung an generalisierte Funktionserwartungen und Strukturinterventionen zu koppeln; derzeit zum Beispiel im Bereich von Gleichstellung, Inklusion, Digitalisierung, Wissenstransfer, Energieforschung, Nachhaltigkeit oder administrativer Parametrisierung. Es ist klar, dass solche Funktionserwartungen und Strukturinterventionen auf die verschiedenen Bereiche des Wissenschaftssystems unterschiedlich einwirken. Manchmal ›trifft es‹ dann die Philologien oder die historisch-hermeneutischen Wissenschaften allgemein, manchmal auch andere. Die Annahme indes, die gesamte Maschinerie des wissenschaftspolitischen Interventionismus ziele in Sonderheit auf die Erledigung der Geisteswissenschaften, sie scheint mir doch ein ziemlich grandioser Narzissmus zu sein.

---

[9] Meine Hypothese ist, dass es sich lediglich um relativ kontingente Komplexe handelt, an denen sich exemplarisch eine allgemeine Fortschrittsangst, Modernisierungsangst, Technikskepsis – wo nicht Wissenschaftsfeindlichkeit überhaupt – manifestiert. Demnach ginge es auch in diesen Ausnahmefällen gerade nicht um etwas Spezielles aus der Wissenschaft, sondern gleichfalls um diese im Allgemeinen.

[10] Vgl. aber Andrew Abbott, The University Experiment: Campus as Laboratory. Nature, 514 (2014), S. 288–291.

3.2. Skizzieren wollte ich hier, dass Versuche, die Relation von Philologien und Gesellschaft *direkt* anzugehen, institutionenpolitisch wenig optimistisch stimmen. Insofern spricht alles dafür, einen Umweg zu wählen. Er führt über jene Vorstellungen, die man *innerhalb des Wissenschaftssystems* über das Verhältnis von Wissenschaft und Gesellschaft hegt. Und für diesen Umweg gibt es neben den praktisch institutionenpolitischen auch systematische Gründe. Ich habe soeben auf sie bereits angespielt: Die Wissenschaft ist ein gesellschaftliches Teilsystem mit einem spezifischen Funktionsprimat. Es differenziert sich gegenüber anderen Gesellschaftssphären insbesondere auch dadurch aus, dass und seitdem es weitere interne Differenzierungen ausbildet: insbesondere Disziplinen. Dabei handelt es sich in Wahrheit um Prozesse ständiger Disziplinenbildung und -umbildung, in denen die modernen Wissenschaften seit gut zweihundert Jahren eine für sie konstitutive Form der Selbstbezüglichkeit konstituieren. Im Maße dieser disziplinären Selbstbezüglichkeit sind die einzelnen Wissenschaften und auch die verschiedenen Wissenschaftsfelder etwa der Geistes-, Sozial-, Natur-, Lebens- oder Technikwissenschaften nicht mehr sozusagen gesellschaftsunmittelbar. Den Typus des gelehrten Salons der Zeit um 1800 als Ort geselliger, also so vordisziplinärer wie gesellschaftsunmittelbarer Wissenschaftskommunikation kann es deshalb heute allenfalls in einem residualen Sinne noch geben.

Es kommt uns nun insbesondere auf drei Konsequenzen dieses epochalen Vorgangs der Disziplinarisierung der modernen Wissenschaften an. Erstens schließt er selbstverständlich keineswegs aus, dass es für wissenschaftliche Aktivität auch extradisziplinäre Referenzrahmen geben kann, sei es als Interdisziplinarität in anderen

Bereichen der Wissenschaft, sei es als Transdisziplinarität überhaupt in der Gesellschaft. Entscheidend ist lediglich, dass Disziplinarität durch diese extradisziplinären Referenzrahmen nicht substituiert werden kann. Dies heißt sodann zweitens, dass die einzelnen wissenschaftlichen Aktivitäten sich zwar nicht exklusiv, aber doch immer auch auf den Horizont der jeweiligen Disziplin beziehen und dass sie auf die Gesellschaft in einer Weise referieren, welche epistemisch wie institutionell stets durch das Wissenschaftssystem als solches vermittelt ist; sie sind funktional indirekt. Drittens ergibt sich, dass alle Disziplinen, als Teile des Wissenschaftssystems betrachtet, sozusagen gleich-gültig sind. Moderne Wissenschaft ist ein dezentral-pluralistisches System. Es gibt hier keine hierarchisch vorgeordnete, sozusagen letztinstanzliche Position – wie sie in der Vergangenheit Theologie oder Philosophie, im wissenschaftstheoretischen Reduktionismus etwa die Physik innehatten. Konstitutiv ist für moderne Wissenschaften vielmehr eine Mehrstimmigkeit in dem Sinne, dass »*in* der Wissenschaft [...] jede Möglichkeit *supra-disziplinärer* Kontrolle« entfällt.[11]

4. Philologien zwischen Humboldtianismus und Solutionismus

4.1. Die vorstehenden Überlegungen führen zu der These, dass das Wissenschaftssystem selbst (viel mehr als die Gesellschaft überhaupt) jenen Bezugsrahmen darstellt, in welchem sich der Status der Philologien vor allem ande-

---

[11] Rudolf Stichweh, Zur Entstehung des modernen Systems wissenschaftlicher Disziplinen. Physik in Deutschland 1740–1890. Frankfurt am Main 1985, S. 52.

ren bestimmt. Das Verhältnis von Philologien und Gesellschaft entscheidet sich in der Wissenschaft.

Was nun diese im Allgemeinen über sich und ihr Verhältnis zur Gesellschaft weiß, das wird allenfalls teilweise und indirekt beeinflusst vom Wissen der Wissenschaftsforschung, Wissenschaftssoziologie oder Wissenschaftstheorie. Viel wichtiger dürften sozusagen alltagstheoretische Selbstbeschreibungen sein. In sie geht zwar historisches und systematisches Wissens unterschiedlichster Art irgendwie ein. Vor allem aber werden sie von Verallgemeinerungen partikularer Erfahrungen aus der Praxis von Forschung und Lehre geprägt; Wissenschaft überhaupt stellt man sich so vor, wie die je individuelle Arbeit im Labor, im Feld, im Archiv. Dass dabei unterschiedliche Disziplinen mehr oder weniger einflussreich einwirken, versteht sich schon rein zahlenmäßig; es gibt eben mehr Biologinnen als Baltisten, und daran ist vielleicht, bei Licht besehen, auch nicht viel auszusetzen.

Die genannten ›Alltagstheorien‹ der Wissenschaft über sich selbst bilden nun auch hinsichtlich des Verhältnisses zur Gesellschaft einen Komplex stabilisierender Selbstverständlichkeiten. Er spannt sich zwischen zwei einander entgegengesetzten Grenzpositionen auf. Ich nenne sie ›Humboldtianismus‹ und ›Solutionismus‹[12] und sie eröffnen höchst unterschiedliche strategische Optionen auch für die institutionenpolitische Arbeit am Status der Philologien. Dies zu zeigen ist der nächste Schritt unseres Gedankengangs.

---

[12] Vgl. Peter Strohschneider, Funktionale Zweckfreiheit von Wissenschaft. Eine Erfahrungsskizze. In: Ronald Hitzler (Hrsg.): Hermeneutik als Lebenspraxis. Ein Vorschlag von Hans-Georg Soeffner. Weinheim 2015, S. 293–305.

4.2. Die eine Grenzposition bildet das Konzept einer emphatisch aufgeladenen Einheit und Autonomie der Wissenschaften, das man schon deswegen ›humboldtianistisch‹[13] nennen kann, weil es sich weniger dem preußischen Universitätsreformer selbst, als vielmehr der um 1900 einsetzenden Humboldt-Rezeption verdankt.[14] In diesem Deutungskomplex heißt Freiheit *für* Forschung zunächst einmal: Freiheit *von* gesellschaftlichen Zwecksetzungen, funktionalen Zumutungen und Erwartungen. Universitäre Wissenschaft tritt ganz in einer Selbstbezüglichkeit in den Blick, die als »Autonomie der Gelehrtenrepublik« eher beschworen denn systematisch rekonstruiert wird und die – indem sie unverändert eine wirkungsreiche Hintergrunderfüllung wissenschaftspolitischen Alltagshandelns darstellt – das Verhältnis von Wissenschaft und Gesellschaft als Schließung fasst. Die neuhumanistischen Leitideen dieser Alltagstheorie, ›Einheit von Forschung und Lehre‹ sowie von ›Einsamkeit und Freiheit‹, sind im Humboldtianismus als Schlagworte ubiquitär und zugleich doch längst weitgehend verschlissen. Es ist ziemlich unklar, was sie angesichts der Expansions-, Akzelerations-, Differenzierungs- und Vergesellschaftungsdynamiken von Wissenschaft eigentlich noch besagen könnten.

Das heißt freilich keineswegs, dass, zwar weniger im depravierten Humboldtianismus selbst, aber doch in den neuhumanistischen Leitideen, derer er sich bedient, nicht

---

13 Vgl. Olaf Bartz, Der Wissenschaftsrat. Entwicklungslinien der Wissenschaftspolitik in der Bundesrepublik Deutschland 1957-2007. Stuttgart 2007, S. 71 ff.

14 Vgl. Sylvia Paletschek, Die Erfindung der Humboldtschen Universität. Die Konstruktion der deutschen Universitätsidee in der ersten Hälfte des 20. Jahrhunderts, in: Historische Anthropologie 10 (2002), 183–205.

noch immer ein systematischer Kern zu entdecken wäre, der für Position und Funktion der Philologien bedenkenswerte Argumente beizusteuern wüsste. Die, wie ich finde, eleganteste Version eines hier anknüpfenden Arguments stammt nun bezeichnender Weise allerdings nicht aus dem staatlichen deutschen Hochschulsystem, sondern aus einer amerikanischen Privatuniversität: Nicht vom Primat der Forschung, sondern von der akademischen Lehre her konzipierte Hans Ulrich Gumbrecht die Philologien als eine Einübung in *riskfull thinking*.[15] Sie erziele »beim Individuum Bildungseffekte« dadurch, dass Lehrende und Studierende sich mit »Objekten auseinandersetzen, deren Komplexität sich einer bequemen Strukturierung, begrifflichen Einordnung und Interpretation widersetzt«; dadurch also, dass sie sich »hoher geistiger Komplexität aus[…]setzen, ohne dass man diese Komplexität unverzüglich reduzieren muß.«[16] Die »Macht der Philologie[n]« resultiert also daraus, dass sie als ein »Lehren von Komplexität« verstanden sind.[17]

Ein sehr sympathischer Gedanke (dessen präsenztheoretische Motive ich gänzlich übergehe)! Doch hat er freilich kontingente institutionelle Voraussetzungen, die uns eine reibungslose Applikation erschweren. *Komplexität* ist nur der *eine* Akzent. Der andere ist das *Lehren* solcher Komplexität. Gumbrecht setzt britisch-nordamerikanische College- und Universitätsstrukturen als Teil nicht des Wissenschafts-, sondern des Erziehungssystems voraus. Und er bezieht sich auf die Stellung der *arts and humanities*

---

[15] Vgl. Gumbrecht, Wie deutsch kann die Germanistik sein? In: Hartmut Kugler et al. (Hrsg.): Vorträge und Referate des Erlanger Germanistentags 2001. Bielefeld 2002, S. 23–40.

[16] Gumbrecht, Die Macht der Philologie, S. 133 f.

[17] Vgl. Gumbrecht, Die Macht der Philologie.

in diesen Erziehungsinstitutionen, also auf den Rahmen einer *general education,* welche typologisch (wenn man so grob verallgemeinern darf) der vor-humboldtschen Artistenfakultät näher steht als der ›Philosophischen Fakultät‹ im deutschen Sprachraum und welche, anders als letztere, auch nicht einem generellen Forschungsimperativ unterworfen ist.

4.3. Ganz anders denn im Humboldtianismus als autonomistische Schließung ist das Verhältnis von Wissenschaft und Gesellschaft als weitgehende Entgrenzung gefasst in einem gegenüberstehenden alltagstheoretischen Deutungskomplex, der Wissenschaft zur heteronomen Expertise vereinseitigt. Allein auf solche Expertise im Hinblick auf praktische gesellschaftliche Problemvorgaben komme es noch an, so dass die Geltung von Wissenschaft sich ganz nach ihrer direkten Gesellschaftsrelevanz bemisst. Die Vielfalt der gesellschaftlichen Funktionen von Forschung und Lehre wird utilitaristisch auf die Direktheit praktischer Nützlichkeiten reduziert. Es geht hier allein um die Erfüllung sei es wirtschaftlich-technologischer, medizinischer oder zum Beispiel auch klima- und energiepolitischer Fortschrittsversprechungen – um nicht zu sagen: Verheißungen.

Prägnanten Ausdruck findet solche Einstellung im Schema von Problem und Lösung. Deswegen spreche ich von ›Solutionismus‹; einschlägige aktuelle Diskussionstitel dieses Deutungskomplexes lauten ›*mode II* der Wissensproduktion‹ oder ›*citizen science*‹ oder ›*Responsible Research and Innovation*‹.[18]

---

[18] Vgl. Michael Gibbons, Camille Limoges, Helga Nowotny, Simon Schwartzman, Peter Scott und Martin Trow, The New Production of

Problematisch ist solcher Solutionismus nicht etwa, weil irgendetwas gegen dagegen spräche, wenn wissenschaftliches Wissen sich als *nützlich* erweisen sollte. Vielmehr ist problematisch, dass er die Produktion und Reproduktion solchen Wissens in Lehre und Forschung ganz von Nützlichkeits*erwartungen* her determinieren will. Solutionistisch wird Forschung insgesamt in prognostisch vorgegebene Pfadabhängigkeiten eingezwängt, in denen jeweilige gesellschaftliche Relevanzhierarchien, aktuelle Problemwahrnehmungen und derzeitige (Er)Lösungshoffnungen *a priori* stets schon begrenzen, was überhaupt als zukünftige ›Lösung‹ in Frage kommen darf. In der Konsequenz läuft dies darauf hinaus, dass die epistemischen Grenzen zwischen Wissenschaft und Nicht-Wissenschaft eingeebnet werden.[19] Ebenso wie auch jene Besonderheiten der Organisation und Verwaltung von Wissenschaft dann entfallen würden, die daraus resultieren, dass Wissenschaft auf die Produktion von Wissen verpflichtet ist, das sich womöglich als nützlich

Knowledge. The Dynamics of Science and Research in Contemporary. London 1994; Uwe Schneidewind, Mandy Singer-Brodowski, Transformative Wissenschaft. Klimawandel im deutschen Wissenschafts- und Hochschulsystem. Marburg 2013. Dazu Peter Strohschneider, Zur Politik der Transformativen Wissenschaft, in: André Brodocz et al. (Hrsg.), Die Verfassung des Politischen. Festschrift für Hans Vorländer. Wiesbaden 2014, S. 175–192, bes. 179 f.; Armin Grunwald, Transformative Wissenschaft – eine neue Ordnung im Wissenschaftsbetrieb? In: GAIA, 24/1 (2015), S. 17–20; Sabine Maasen, Sascha Dickel, Partizipation, Responsivität, Nachhaltigkeit. Zur Realfiktion eines neuen Gesellschaftsvertrags. In: Handbuch Wissenschaftspolitik. Hrsg. von Dagmar Simon et al. Wiesbaden 2016, S. 1–18.

[19] Überblick zu den wissenschaftssoziologischen Debatten um Differenzierung oder Entdifferenzierung von Wissenschaft und Gesellschaft etwa bei Peter Weingart, Wissenschaftssoziologie. Bielefeld 2003, Kap. VII–X, insbes. S. 133 ff., 138 ff.

erweisen wird, das vor allem aber begründete Ansprüche auf Wahrheit und Neuheit muss erheben können: also nicht auf Stabilisierung, sondern auf *Störung* gegebener Wissensbestände und Wissensordnungen![20]

Die strategische Arbeit am institutionellen Status der Philologien könnte freilich auch an solche solutionistischen Deutungsmuster anschließen. Doch würde dies, wie ich überzeugt bin, in eine Sackgasse führen. Zwar könnte dabei dem Primat von Forschung gegenüber der Lehre im Hochschulwesen der deutschsprachigen Länder Rechnung getragen werden. Doch wäre es eine Forschung, die als – sagen wir: szientokratische – Expertise nicht an der Entfaltung und auch am Lehren von Komplexität arbeitete, sondern vielmehr an deren Reduktion. Man würde es also für möglich halten müssen, dass wissenschaftliche Wahrheitsfragen durch gesellschaftliche Nützlichkeitsfragen substituiert werden könnten und dass mithin die Systemgrenze von Wissenschaft gegenüber anderen Gesellschaftsbereichen sich auflösen lasse. Wollte man sich darauf einlassen, dann würden – um von der wissenschaftstheoretischen Unhaltbarkeit jenes Solutionismus hier zu schweigen – in allen Verteilungskämpfen jedenfalls gerade die Philologien die schwächste Position haben. Wie sollten sie sich auch auf eine Nützlichkeitskonkurrenz einlassen können?

Es scheint mir ganz unzweifelhaft, dass die Philologien sehr Beachtliches zur wissenschaftlichen Auseinandersetzung mit *grand challenges* beitragen können. Für nicht weniger unzweifelhaft halte ich es allerdings, dass

---

[20] Vgl. Niklas Luhmann, Die Wissenschaft der Gesellschaft. Frankfurt am Main 1992, S. 216 ff., 296 ff.; dazu Weingart, Wissenschaftssoziologie, S. 85 ff.

eine allgemeine Bestimmung des institutionellen Status der Philologien im Wissenschaftssystem von solchen Beiträgen nicht zu erwarten ist.

5. Philologien im Wissenschaftssystem

5.1. Die bisherigen Überlegungen haben für die Philologien im Spannungsfeld von Wissenschaft und Gesellschaft einige Voraussetzungen und Bedingungen kenntlich machen wollen, die für zukünftige Arbeit an ihrem institutionellen Status bedenkenswert scheinen. Ich hebe vier davon eigens hervor:

Vorausgesetzt war – erstens – ein Konzept von Philologien, welches deren Epistemologie heuristisch darauf gründet, dass nicht das Verstehen, sondern das Missverstehen der wahrscheinliche Fall sei.[21] Nicht die reibungslos informative Transparenz sprachlicher, textueller oder literarischer Kommunikation stellt sich ihnen als historisch-hermeneutischen Disziplinen als Aufgabe, sondern deren kulturell oder ästhetisch befremdliche Opazität. Stets geht es anstatt um eine Reduktion vielmehr um die Steigerung von Komplexität und Kontingenzbewusstsein.

Die Philologien müssen daher (wie alle anderen historisch-hermeneutischen Disziplinen) im Hinblick auf die gesellschaftlichen Sinnordnungen ihrer Gegenwart systematische Reflexionsansprüche erheben, die über den Bereich kommunikationsbezogener sachlicher oder metho-

---

[21] Dass dieser Gedanke auf Schleiermacher zurückgeht, hat Manfred Frank gezeigt: Manfred Frank, Einleitung, in: Manfred Frank (Hrsg.), F. D. E. Schleiermacher. Hermeneutik und Kritik. Frankfurt a.M. 1977, 7–68, bes. S. 19.

discher Expertise ausgreifen. Schon allein deswegen ver-
bietet sich m.E. für die Arbeit am Status der Philologien
der Anschluss an solutionistische Deutungskomplexe.

Nicht allein für die Expertise der Philologien, sondern
auch für diese übergreifenden Reflexionsansprüche müssen – zweitens – die institutionellen Möglichkeitsräume
organisiert werden. Damit indes bewegt man sich nicht
allein im epistemischen Universalismus wissenschaftlichen Wissens, sondern zugleich im soziokulturellen Tra-
ditionsraum sowie im Rahmen der derzeitigen gesellschaftlichen, organisatorischen, finanziellen, rechtlichen
Gegebenheiten des jeweiligen nationalen Wissenschaftssystems. Dieser institutionelle Rahmen ist nicht schon
erfasst mit den globalen Prozessen etwa des *academic drift*,
der Internationalisierung von Forschung und Lehre oder
der Verschiebung von Reputation zu Geld als Steue-
rungsmedium des Wissenschaftssystems. Zu ihm gehören vielmehr auch die Eigenheiten der jeweiligen natio-
nalstaatlichen Wissenschaftsordnungen: also beispiels-
weise im wesentlichen staatlich getragene Hochschulen
sowie ein (im Vergleich mit den *sciences*) integraler
deutschsprachiger Wissenschaftsbegriff samt seinen organisatorischen Konsequenzen (der FWF ist gerade nicht
bloß eine *science foundation*) sowie der konzeptuellen Differenz der ›Geisteswissenschaften‹ gegenüber den *arts and
humanities*.

Es gehört zu diesem institutionellen Rahmen von
Wissenschaft auch eine spezifische Verhältnisbestim-
mung von Forschung und Lehre sowie von Wissen-
schafts- und Erziehungssystem im dominanten Typus
der Forschungsuniversität, sodann ein vergleichsweise
homogenes Qualitäts- und Leistungsniveau der Universitäten, eine mit dem Lehrstuhlprinzip gegebene spezifi-

23

sche Personalstruktur, wissenschaftliche Mehrsprachigkeit (noch immer sogar faktisch) und manches andere mehr.

Gegebenheiten der hier bloß angedeuteten Art bestimmen das konkrete Operationsfeld auch der Philologien. Und die Arbeit an deren institutionellem Status tut gut daran, diese Gegebenheiten mitzureflektieren. Deswegen scheidet nicht nur ein solutionistischer, sondern gleichermaßen auch ein Ansatz aus, der sich von der Ideologie des Humboldtianismus bestimmen ließe. Die Institutionenpolitik der Philologien müsste vielmehr – das ist mein dritter Punkt – ein komplexeres Verhältnis von Wissenschaft und Gesellschaft voraussetzen, das sich diesseits der Opposition von Schließung oder Entgrenzung hält, von Gelehrtentum oder Expertise, von Reflexivität oder Kompetenzorientierung.

Sie müsste also auf der Unterscheidbarkeit von Wahrheits- und Nützlichkeitsfragen insistieren und *zugleich* aber auch die gesellschaftliche Funktionalität des Eigen-Sinns von Wissenschaft sowie die enorme Breite ihrer vielfältigen Funktionsmodalitäten betonen. Man könnte in diesem Sinne etwa von der ›funktionalen Zweckfreiheit‹[22] der Wissenschaft sprechen.

Und schließlich: Wenn die Arbeit am institutionellen Status der Philologien nicht einfach die wenig fruchtbaren geisteswissenschaftlichen Rechtfertigungsdebatten der Vergangenheit fortsetzen will, dann empfiehlt es sich viertens, jenen nicht ganz seltenen habituellen Anti-Institutionalismus abzulegen – er geriere sich als Zer-

---

[22] Hans-Georg Soeffner, Funktionale Zweckfreiheit. In: Fragile Sozialität. Inszenierungen, Sinnwelten, Existenzbastler. Hrsg. von Anne Honer et al. Wiesbaden 2010, S. 59–74; und Strohschneider, Zur Politik, S. 184 f.

streutheit, als Kulturkritik oder als schlichter Dünkel –, der weder in den Geisteswissenschaften überhaupt, noch in den Philologien im Besonderen eine seltene Ausnahme ist. Besser wäre, sich stattdessen der Praxis konkreter Institutionenpolitik zuzuwenden und dabei zu bemerken, dass die Arbeit am Status der Philologien womöglich weniger mit allgemeinen Geltungsfragen befasst sein dürfte[23], als vielmehr mit Fragen der praktischen Operationalität von Wissenschaft und Universität.

5.2. Diese Fragen praktischer Operationalität kann ich in der verbleibenden Zeit selbstverständlich nicht beantworten. Ich will indes doch die Aufmerksamkeit auf sie lenken, indem ich nämlich vier vielfach interdependente Basisprozesse des Wissenschaftssystems unterscheide, in denen sich jeweils konkrete Ansatzpunkte für die Institutionenpolitik der Philologien ausmachen lassen. Es geht um die Expansion, die Akzeleration, die Differenzierung und die Vergesellschaftung von Wissenschaft.

Erstens also Expansion: Moderne Wissenschaftssysteme expandieren in vielerlei Hinsichten. Sie tun das *de facto* – bei den Studierenden- wie den Beschäftigtenzahlen, bei Infrastrukturen und Finanzen, bei beanspruchten oder erwarteten Leistungen. Und auch die Menge wissenschaftlichen Wissens und entsprechender Publikation wächst scheinbar unaufhaltsam. Zugleich kann man mit der Frage nach den Grenzen solchen Wachstums sofort in die Defensive geraten. Und daran zeigt sich, dass die Expansion von Wissenschaft auch normativ ist: Es ist

---

[23] Ja, dass »vielleicht […] das Problem zumindest teilweise darin [besteht], daß es [eventuell in dieser Hinsicht] gar kein echtes Problem gibt.« Gumbrecht, Die Macht der Philologie, S. 111.

nicht nur so, es soll auch so sein: Unbegrenzte Akademisierung und *massification* der Hochschulen ist politisch als Ausweitung, gar Demokratisierung von ›Bildungsteilhabe‹ programmatisch gewollt. Die Wohlfahrt der Gesellschaft eines ›rohstoffarmen Landes‹ sei vom Fortschritt und dieser von der Expansion der Wissenschaft abhängig. Überhaupt unterliegt selbstverständlich auch das Wissenschafts- und Universitätssystem jener Wachstumsideologie, die unsere Zivilisation tiefgreifend prägt: Mehr Doktoranden und Publikationen scheinen in jedem Fall besser als weniger – und die Steuerungsmechanismen verstärken dieses Prinzip. Generell wird in Lehre und Forschung, wird bei Assistentenzahlen, Projekten, eingeworbenen Fördermitteln u.v.a.m. – und auch in der Forschungsförderung – viel zu oft (und oftmals geradezu systematisch) Größe mit Güte verwechselt.

Die Philologien nun werden von dieser institutionellen Dynamik vermutlich in eine Überproduktion von Absolventen, promovierenden und promovierten Forscherinnen oder Publikationen hineingetrieben, die längst einen krisenhaften Schwellenwert erreicht haben dürfte und die mit Folgen wie Überforschung, progredierender Spezialisierung oder disziplinärem Kohäsionsverlust einherkommt. Zugleich wird diese Dynamik von den Philologien allerdings unkritisch reproduziert: Man will bei Strukturentwicklungen lieber größer werden als besser. Man setzt auf Überlast, weil sie Ausstattungsansprüche begründbar erscheinen lässt, anstatt die Durchsetzung von Finanzverteilungsmodellen zu betreiben, die nicht Überlast, sondern eine Auslastung von 100% finanziell vorteilhaft machen; die mit realistischen Curricularnormwerten operieren; die Finanzsummen auf den respektiven Finanzbedarf der Disziplinen beziehen, anstatt sie unkalibriert zum Indikator von Qualität oder Relevanz oder beidem zu machen. – Und ich sage all dies, obwohl ich auch nicht weiß, wie denn – in Zeiten weithin ungebrochener Wachstumsideologien – sowohl disziplinen- als auch wissenschaftspolitisch auf Überproduktion intelligent sollte reagiert werden können.

Wissenschaft expandiert und vermutlich beschleunigt sich diese Expansion. Akzeleration lautet also mein zweites Stichwort: Sie ist überhaupt in vieler Hinsicht[24] ein prägendes Merkmal auch von Wissenschaft: jung muss man sein (jedenfalls in Relation zur jeweiligen Karrierestufe), schnell muss man forschen, besser noch schneller sollte man publizieren.

Die Philologien demgegenüber privilegieren unverdrossen die Reflexivitätsinstitution des Seminars anstatt der effizienten Vermittlung positiven Wissens. Sie pflegen noch immer die langsame gegenüber der schnellen Lektüre, die Möglichkeiten der Muße in einer individualistischen Forschungspraxis, welche zu den taylorisierten Zeittakten betriebsförmiger Forschung Abstand hält.

Jedenfalls müssten sie all dies tun! Sie haben sachliche Gründe, aus der Akzelerationsdynamik der Wissenschaft teilweise auszuscheren.

Eine Art von disziplinärem Sonderweg ist in diesem eigenen Chronotopos allerdings nicht zu sehen. Institutionen, auch wissenschaftliche Disziplinen, institutionalisieren Eigenzeiten und Eigenrhythmen; in der Astrophysik sind sie anders als in der molekularen Zellbiologie. Auf die praktische Anerkennung ihrer Eigenzeiten müsste die Institutionenpolitik der Philologien also hinarbeiten. Und sie könnte immerhin darauf verweisen, dass die

---

[24] Nicht allerdings in jeder Hinsicht: Promotionszeiten!

dysfunktionalen Effekte scheinbar entgrenzter Beschleunigung nicht allein gesamtgesellschaftlich[25], sondern auch im Wissenschaftssystem an vielen Stellen unübersehbar werden: nicht zuletzt am Problem abnehmender Sorgfalt in experimentalwissenschaftlichen Forschungsprozessen und wachsender Nichtreproduzierbarkeit ihrer Resultate.[26] Es ist womöglich nicht illusionär, anzunehmen, dass das Erfordernis einer gewissen Entschleunigung auch im Wissenschaftssystem an Anerkennung gewinnt.

Ein dritter Basisprozess von Wissenschaft ist fortschreitende Differenzierung – als disziplinäre Ausdifferenzierung wie als Spezialisierung innerhalb disziplinärer Ordnungen. Auch sie ist ein Phänomen keineswegs der Philologien allein, und sie schlägt als manifestes Problem durch auf die Administration im Wissenschaftssystem. Je höher die Aggregationsebene von Entscheidungen ist, um so disparater werden die zu beachtenden Sachzusammenhänge der Curricula, der Forschungsvorhaben, der disziplinären Organisationseinheiten u.s.w., um so uneinheitlicher werden aber auch die Beurteilungsschemata, Qualitätskonzepte und Begutachtungskulturen. Umso unvergleichlicher wird, was die Administration als vergleichbar behandeln muss, damit sie zu Präferenzen gelangen kann. Progressive Differenzierung führt zum Risiko nicht bloß kapazitativer, sondern struktureller Überforderung von Entscheidungssystemen der Wissenschaft.

---

[25] Vgl. Hartmut Rosa, Beschleunigung. Die Veränderung der Zeitstrukturen in der Moderne. Frankfurt a.M. 2005.
[26] Timeless advice. In: Nature Nr. 523 vom 23.07.2015, S. 381–382.

Man weicht diesem Risiko aus durch Flucht in die Scheinobjektivitäten sekundärer Indikatoren. Diese fassen *Quantitatives* – Drittmittel, Publikations-*out put*, Zitationszahlen, *impact*-Faktoren von *Journals*, Studierenden- und Absolventenzahlen oder Abbrecherquoten[27] – als Zeichen von *Qualität* auf. Und selbstverständlich ist solches (*self-*) *government by numbers*, anders als seine Objektivitäts-Ideologie es will, keineswegs strukturell neutral gegenüber unterschiedlichen Forschungs-, Lehr und Publikationspraxen.

Fragen der Indikatorisierung sind also epistemische Fragen und zugleich solche institutioneller Macht. Und es ist offensichtlich, dass diese Macht selten gerade den Philologien in die Karten spielt. Aber auch hier gilt wiederum: Es handelt sich keineswegs um deren exklusives Problem. Vielmehr ist Indikatorisierung ein gesamtsystemischer Prozess, dessen allgemeine Dysfunktionen immer weniger übersehen werden können und längst auf breiter empirischer Basis beschrieben sind.[28] Die Zerlegung von Forschungsresultaten in *least publishable units* gehört ebenso dazu wie die Gefahr thematischer und methodischer Engführung von Forschung oder die Verbreitung risikoaverser Haltungen usw.

Wenn es aber zutrifft, dass Indikatorisierung eine Bearbeitungsform für Entscheidungsprobleme in der Wissenschaft ist und dass sie zugleich epistemisch riskant ist, dann muss man sich fragen: Wie müssten solche Entscheidungssysteme eigentlich organisiert werden, damit

---

[27] Vgl. Wissenschaftsrat, Empfehlungen zu einem Kerndatensatz Forschung (Drs. 2855-13), Berlin Januar 2013 (online verfügbar).

[28] Vgl. etwa Matthies Hildegard, Dagmar Simon (Hrsg.), Wissenschaft unter Beobachtung. Effekte und Defekte von Evaluationen. Wiesbaden 2008.

das Gewicht der Indikatoren wenigstens nicht weiter wächst, besser noch: sukzessive wieder abnimmt. Und dies ist dann ein Frage, bei der die Philologien durchaus kaum andere institutionelle Interessen haben als eine Großzahl anderer wissenschaftlicher Disziplinen auch.

Den vierten und letzten Basisprozess von Wissenschaft, der Ansatzpunkte für eine Arbeit am institutionellen Status der Philologien bietet, fasse ich in die Vermutung, dass die Verwissenschaftlichung der modernen Gesellschaft seit der Sattelzeit (R. Koselleck) im Maße ihres Erfolges in eine direkte Vergesellschaftung moderner Wissenschaft umschlage. Es gibt zahlreiche Anhaltspunkte für eine solche Hypothese. Zu ihnen gehören die lautesten Schlagwörter des öffentlichen Wissenschaftsdiskurses – ›impact‹, ›Praxisbezug‹ oder ›Transfer‹, ›Anwendbarkeit‹ oder ›employability‹, ›Transdisziplinarität‹ oder ›Nachhaltigkeit‹ – ebenso wie die funktionale Überlastungen der Universitäten, wie die unbedachte Verallgemeinerung von Kategorien und Steuerungsmechanismen einer marktkapitalistischen Wettbewerbsideologie auch für die Wissenschaft oder wie die damit einhergehende Schrumpfung der Zeithorizonte und Funktionsketten, in denen die Geltung von Wissenschaft beurteilt wird. Auch dass Wissenschaft im Zeichen ›zivilgesellschaftlicher Partizipation‹ in neuer Weise gesellschaftlich ›eingebettet‹ werden soll, ist tatsächlich weniger gemütlich, als es sich anhört.[29] Und ebensowenig dürfte es kaum ohne Funktionalitätseinbußen der Forschung zu haben sein, dass ihre Rechenschaftspflicht zu einer umfassenden *accountability* entgrenzt wird, die jede und jeden

---

[29] Vgl. Schneidewind, Singer-Brodowski, Transformative Wissenschaft, S. 380 f.

zu jeder Zeit unter beliebigen äußeren Rechtfertigungs-
druck zu setzen erlauben könnte – teilweise sogar im
Sinne rechtlicher Haftung.

All dies, unter anderem, sind Hinweise auf eine Achsenverschiebung im Verhältnis von Gesellschaft und
Wissenschaft, mit welcher der Eigensinn moderner Wissenschaft seinerseits an gesellschaftlicher Plausibilität zu
verlieren scheint. Immer nachdrücklicher wird von Wissenschaft verlangt, dass sie ihre Referenzen in solutionistischer Weise auf direkte Zweckerfüllung für andere
Teilsysteme von Gesellschaft vereinseitige. Immer häufi-
ger wird so getan, als ob wissenschaftliche Epistemologie
– die Wahrheitsfrage! – durch außerwissenschaftliche
Praxis und Nützlichkeitserwägungen substituierbar wäre.

Aber selbst wenn diese Achsenverschiebung richtig
gesehen sein sollte: Wie bei den zuvor angeführten Ba-
sisprozessen des Wissenschaftssystems lässt sich auch
hier beobachten, wie die Interessenlagen der Philologien
mit denjenigen anderer Wissenschaftsbereiche konver-
gieren könnten. Die wachsende »strukturelle Repressivi-
tät«[30] von Wissenschaftsorganisierung wird allgemein
bemerkt: In der aktuellen wissenschaftspolitischen Dis-
kussion etwa über ›Exzellenzinitiativen‹, die Lage des
sog. wissenschaftlichen ›Nachwuchses‹ oder die Überbe-
anspruchung des Gutachterwesens[31] verbreitet sich ein
Konsens dahingehend, dass das Wissenschaftssystem bei
weitem zu strukturell misstrauisch geworden ist, dass die

---

[30] So Thomas Carell mündlich auf der Podiumsdiskussion »Freiräume –
Zur Zukunft des Leibniz-Preises« im Rahmen des Festkolloquiums
»30 Jahre Gottfried Wilhelm Leibniz-Preis« am 25.03.2015 im Wissen-
schaftszentrum Bonn.
[31] Vgl. Felix Grigat, Vor dem Kollaps? Wissenschaftsorganisationen über
die Lage des Gutachtersystems. In: Forschung & Lehre 8 / 2015.

Grundfinanzierung universitärer Forschung und Lehre absolut und proportional erhöht und dass damit auch deren Unabhängigkeit von heteronomen Interventionen deutlich gesteigert werden muss.

Und dies scheint durchaus bemerkenswert in Wissenschaftssystemen, die ohnehin der sogenannten Grundlagenforschung und mit ihr (ausweislich der entsprechenden Finanzierungsanteile) auch den Geisteswissenschaften vergleichsweise deutlich mehr Bedeutung zumisst, als das in den nicht-deutschsprachigen Wissenschaftsnationen der Fall ist.[32]

6. Schluss

Die institutionelle Handlungsfähigkeit der Philologien hängt nicht zuletzt davon ab, dass sie die systemischen Rahmenbedingungen, unter denen sie operieren, präzise zu kalkulieren wissen. Für die Weiterarbeit am institutionellen Status der Philologien deuten sich dabei allerhand Ansatzpunkte an. Indem ich auf solche Ansatzpunkte verwies, bin ich gewiss sehr selektiv vorgegangen, vielleicht auch einseitig optimistisch. Doch wollte ich die Aufmerksamkeit auf jene praktischen Kontexte lenken, unter deren Bedingungen Philologie überhaupt stattfin-

---

[32] Das *Global Research Council*, ein virtueller Zusammenschluss von rund 80 Forschungsförderorganisationen aus aller Welt, hat im Mai 2015 in Tokyo eine Grundsatzpapier zur Finanzierung von Grundlagenforschung verabschiedet, das gerade auch die genannten Aspekte kritisch kommentiert und das jedenfalls indiziert, dass die Wahrnehmung der Dysfunktionen einer direkten Vergesellschaftung von Wissenschaft weltweit wächst und kritischer wird.

den kann. Das war keine wissenschaftstheoretische, sondern eine institutionenpolitische Perspektive. Sie sollte Zusammenhänge aufweisen, an denen die Arbeit am institutionellen Status der Philologien womöglich ansetzen könnte. Sollte dieser Aufweis irgendwie gelungen sein, dann bedeutet das längst nicht, jene Arbeit sei auch schon getan – wie wenn sie nicht eine Daueraufgabe wäre. Doch lohnt es den Versuch, gegenüber der Tradition geisteswissenschaftlicher Rechtfertigungsdiskurse eine Art von Neuanfang zu finden. Er schiene mir wichtiger, als dass wir uns, Philologinnen und Philologen die die meisten von uns sind, selbst immer wieder und immer aufs Neue von der Geltung und Bedeutsamkeit unseres Tuns überzeugen.

In post-heroischen Zeiten könnte es klug sein, den Heroismus der Philologien, von welchem Max Weber vor einem Jahrhundert sprach, um eine gewisse institutionenpolitische Nüchternheit zu erweitern.